ÉTUDE

SUR LES

DIVERSES LÉGISLATIONS

QUI RÈGLENT LE

TRAVAIL DES ENFANTS ET DES FEMMES

EMPLOYÉS DANS L'INDUSTRIE

PAR

P. HUBERT-VALLEROUX

AVOCAT A LA COUR DE PARIS
DOCTEUR EN DROIT

(Extrait du *Bulletin de la Société de législation comparée*)

PARIS

A. COTILLON ET C⁰, ÉDITEURS, LIBRAIRES DU CONSEIL D'ÉTAT
24, rue Soufflot, 24

1880

ÉTUDE

SUR LES

DIVERSES LÉGISLATIONS

QUI RÈGLENT LE

TRAVAIL DES ENFANTS ET DES FEMMES

EMPLOYÉS DANS L'INDUSTRIE

PAR

P. HUBERT-VALLEROUX

AVOCAT A LA COUR DE PARIS

DOCTEUR EN DROIT

(Extrait du Bulletin de la Société de législation comparée*)*

PARIS

A. COTILLON ET Cie, ÉDITEURS, LIBRAIRES DU CONSEIL D'ÉTAT

24, rue Soufflot, 24

1880

Communication faite à la Société de législation comparée.— Séance du 11 février 1880.

ÉTUDE

SUR LES

DIVERSES LÉGISLATIONS

QUI RÈGLENT LE

TRAVAIL DES ENFANTS ET DES FEMMES

EMPLOYÉS DANS L'INDUSTRIE.

Les lois qui font l'objet de cette étude ont été rendues pour régler le louage d'ouvrage entre les patrons, c'est-à-dire ceux qui disposent du travail, et les plus faibles parmi ceux qu'ils emploient, à savoir les enfants et les femmes.

Au premier abord, voilà qui est bien opposé aux principes des législations modernes en matière de travail. Ce qui fait leur fonds, c'est la liberté des contrats; le chef d'industrie traite comme il veut, avec ses ouvriers qui, ayant des droits civils égaux aux siens, peuvent stipuler sans contrainte ou pour eux ou pour les enfants qu'ils ont en garde, comme pères ou comme tuteurs. Que veut ici l'État et pourquoi intervient-il? Parce que le but de son institution est la protection des faibles et qu'il a été prouvé, par l'expérience, que les enfants ne sont protégés ni par leurs parents, ni par les chefs d'industrie. Il faut donc que l'État intervienne et remplisse le devoir que ces parents et ces patrons ne savent remplir. Il faut, de plus, qu'il ménage dans ces enfants qui deviendront un jour des hommes, des citoyens capables de remplir les obligations militaires qui leur incombent. Mais comment ont été établies ces lois? Que prescrivent-elles? Quel a été leur effet? Voilà ce qu'il faut rechercher.

§ 1". — *Historique.*

On ne trouve rien dans les anciennes législations qui règle le travail des enfants et des femmes et il ne faut pas en être surpris. Jusqu'au siècle où nous sommes, les artisans ont été régis non par des lois d'ensemble, applicables à tous les ouvriers d'un pays ou au moins à tous ceux qui, dans un pays, pratiquent la même industrie, mais par des règles très diverses, chaque métier ayant, dans chaque ville, sa loi spéciale. Les corps d'artisans avaient bien su, pour garantir à tous leurs membres un minimum de travail ou pour accroître leurs profits, limiter le nombre de ceux qui étaient admis à travailler ; nul, par suite, n'aurait songé à appliquer des enfants au travail dont on écartait même des hommes faits. Il n'y avait, dans les anciens ateliers, d'autres enfants que les apprentis, lesquels étaient vraiment des élèves et non, comme il arrive souvent de nos jours, les concurrents non payés des ouvriers ordinaires. Le mode de travail de ces apprentis était réglé soit par le contrat passé entre le maître et les parents de l'apprenti, soit par les statuts du corps de métier et, mieux encore, par des coutumes qui, pour n'être pas écrites, n'en étaient pas moins observées, parce qu'elles tenaient au fonds des mœurs et à une longue tradition dont aujourd'hui nous avons même perdu le sens. Quant aux femmes, elles étaient admises à l'exercice de certains métiers, tandis que d'autres et c'était le plus grand nombre, étaient réservés aux hommes.

Les enfants commencent à travailler, c'est-à-dire à avoir une occupation tendant non à les instruire, mais à les faire concourir à la production, lorsque s'établissent les premières fabriques, vers la fin du XVIII° siècle. Elles se fondent, en France, par privilèges spéciaux, qui leur donnent le droit d'exister et de vendre exclusivement certains produits. En Angleterre, elles s'établissent dans les campagnes, ou dans quelques villes où les corps de métiers n'existant pas, le droit de travailler appartenait à tout le monde. Ces industries nouvelles n'avaient ni tradition, ni ordinairement de règles écrites. Quant au mode de travail de ceux qu'elles employaient, les fabricants ne songeaient qu'à accroître leurs profits en diminuant leurs frais, et ils commencèrent à exploiter le travail des enfants et des femmes. Le nombre de ces fabriques fut d'abord très petit et le mal restreint, mais il devint très grand lorsque les fabriques se multiplièrent, en Angleterre surtout, dans la seconde moitié du siècle suivant.

Le premier qui proposa d'y porter remède, fut un Anglais, Robert Peel, membre de la Chambre des Communes et grand manufacturier. Touché des souffrances des enfants qu'il avait pu voir lui-même, il proposa un bill qui devint la loi du 22 juin 1802. Cette loi limite à douze heures la durée du travail des enfants et oblige les patrons à leur faire donner quelque instruction. Mais elle ne s'applique qu'aux manufactures où se tissent la laine ou le coton et encore à celles qui occupent plus de vingt ouvriers ou plus de trois enfants. On remarquera le caractère spécial de cette loi; elle ne s'étend pas à tous les enfants, mais à ceux seulement qui travaillent dans certaines fabriques. Tel est le caractère des législateurs anglais, ils font rarement des lois d'ensemble, ou plutôt ils n'en font que pour ramasser en un seul texte des dispositions déjà appliquées et éparses en plusieurs lois. Cette conduite tient au mode de préparation des lois; elles viennent presque toutes de l'initiative des membres du Parlement qui, étant rarement instruits du droit, font des lois de détail qu'il faut ensuite ou compléter ou remanier. Robert Peel, chef d'une manufacture de coton n'avait stipulé que pour sa profession et pour une profession analogue; de plus, il n'avait songé qu'à limiter la durée du travail des enfants, mais nullement à fixer un âge avant lequel ils ne pourraient être employés dans les fabriques. Cette fixation fut l'œuvre de la loi de 1819. Puis, une autre loi (1833) interdit le travail de nuit, et les lois se succédèrent ainsi, réglant toutes divers points de détail et toutes aussi applicables seulement à telle ou telle industrie.

Pour trouver une loi applicable aux enfants employés dans toutes les industries, il faut venir à la Prusse, où une ordonnance royale du 9 mai 1839, décida que les enfants ne pourraient être admis dans les usines avant un certain âge, qu'ils n'y pourraient travailler au delà d'un temps marqué et jamais la nuit ni le dimanche et qu'enfin ils seraient astreints à suivre les écoles dans certaines conditions déterminées. Cette disposition, la première qui ait réglé la matière d'une façon complète, fut prise sur les instances d'un officier, M. de Horn, frappé du faible contingent fourni par les districts manufacturiers, où de nombreux enfants étaient employés dans les fabriques.

L'Autriche suivit de près, avec l'ordonnance du 24 juillet 1839; on pourrait même lui assigner la première place, car une ordonnance impériale du 17 février 1787 interdit d'employer dans les usines les enfants de moins de neuf ans « sans nécessité ».

L'ordonnance de 1839 pourvoit aux mêmes fins que l'ordonnance royale prussienne. Elle s'en distingue toutefois par un caractère d'affectueuse sollicitude, qui montre un souverain occupé de régler le temps et l'éducation de ses sujets, comme ferait un bon père pour ses enfants.

« A l'effet, dit-elle, de vouer toute la sollicitude possible aux progrès religieux, intellectuels et moraux des enfants employés dans les fabriques, on recommande la stricte exécution des mesures suivantes :

» 1° Obligation pour les patrons d'envoyer les enfants suivre l'instruction religieuse les dimanches et fêtes.

« 2° Les chefs de fabrique auront à veiller à ce que les enfants employés dans leurs établissements soient conduits quatre fois par an à confesse et à la communion à l'église de leur paroisse.

« 3° Les propriétaires des moindres fabriques sont tenus d'envoyer les enfants ouvriers à l'une ou à l'autre des écoles paroissiales et de veiller à ce qu'ils reçoivent à certaines heures l'enseignement religieux nécessaire, ainsi que celui de la langue allemande, le tout aux frais de ces patrons. »

Il faut ajouter que l'ordonnance prussienne prescrivait, elle aussi, de laisser aux enfants le temps nécessaire pour leur instruction religieuse.

L'ordonnance bavaroise du 15 juillet 1841 porte la même empreinte. En même temps qu'elle fixe l'âge où les enfants sont admis dans les usines et la durée de leur travail, qu'elle défend le travail de nuit et celui du dimanche, elle s'occupe de leur instruction. Sur les dix heures de travail, deux seront employées à l'instruction primaire ou religieuse et cela jusqu'à l'époque de la première communion pour les catholiques, de la confirmation pour les protestants. Des registres sont établis pour constater cette fréquentation de l'école. De plus, les patrons doivent : « s'entendre avec les ministres du culte pour préserver la moralité des enfants des deux sexes de tout contact dangereux avec les ouvriers adultes. » Toute négligence à cet égard, ferait perdre au patron la faculté d'employer des enfants à l'avenir.

Une ordonnance du grand-duc de Bade (28 février 1840) exigeait que l'on accordât aux enfants occupés dans les usines toute liberté pour fréquenter l'école, jusqu'à expiration de l'âge où cette fréquentation était obligatoire d'après la loi scolaire. La durée journalière du travail des enfants était limitée, le travail de nuit défendu ainsi que celui des dimanches et fêtes.

Dans le même temps (janvier 1840) la question fut portée devant les Chambres françaises. C'était la conséquence d'un mouvement ou, comme disent les Anglais, d'une « agitation » dont la Chambre de commerce de Mulhouse avait dès 1828 pris l'initiative. Le projet du gouvernement longuement préparé et remanié avait été soumis aux Chambres consultatives des Arts et manufactures ainsi qu'aux Conseils généraux et, presque partout, les réponses avaient été favorables. La lutte n'en fut pas moins vive. En Angleterre, les lois avaient été votées sans débat, comme particulières à quelques industries et d'une utilité prouvée; devant les Chambres françaises, la question de principe fut posée et discutée avec passion.

L'État sortait de son rôle en intervenant dans des contrats privés; M. Gay-Lussac allait jusqu'à s'écrier devant la Chambre des pairs : « C'est un commencement de saint-simonisme et de phalanstérisme ! Le fabricant est maître chez lui. Qui est-ce qui lui tiendra compte des pertes si, par suite de vos mesures, il en éprouve ? Tout doit être laissé à son libre arbitre. » D'autres invoquaient l'intérêt de la famille ouvrière qui allait perdre le salaire de l'enfant. « Pour être logique, disait M. Lestiboudois à la Chambre des députés, il faut admettre la taxe des pauvres, afin d'indemniser l'enfant du temps qu'on lui enlève, car c'est là en Angleterre, le correctif de la loi. »

Les défenseurs du projet soutenaient, avec M. Corne, que la loi « n'était pas utile seulement, mais nécessaire. » Ils invoquaient les chiffres recueillis dans une enquête qui avait précédé le projet de loi. A Elbeuf, les enfants employés dans les usines travaillaient quinze, seize et, jusqu'à dix-sept heures par jour. On citait comme modèle l'atelier d'un ministre philantrope (M. Cunin-Gridaine) où l'on ne travaillait que quatorze heures par jour. A Lyon, dans les fabriques de châles, les enfants travaillaient dix-huit heures par jour. Il fallait faire cesser, ainsi que s'exprimait l'une des Chambres consultatives des Arts et manufactures : « un abus qui afflige depuis trop longtemps tous les hommes de bien. »

L'exemple des nations étrangères fut souvent cité par les défenseurs du projet de loi. Il est curieux de rappeler les réponses des adversaires. « L'Autriche et la Prusse, disaient-ils, n'ont point de Parlement, ce sont des pays absolus où l'on ne respecte pas la liberté des citoyens. » Le même argument ne pouvait convenir pour l'Angleterre, on en avait trouvé d'autres. Si l'on avait rendu des lois en Angleterre, c'est parce que la situation des enfants y était intolérable et qu'on abusait de leur faiblesse comme on ne faisait pas en France. « Les enfants secourus sont livrés aux filateurs par les administrateurs des paroisses, qui stipulent que l'on prendra un idiot sur vingt enfants. » On ne prétendait pas cependant que la législation anglaise eut été faite pour les enfants secourus, mais on soutenait qu'elle était restée sans effet. Dans l'ignorance où l'on était du caractère tout spécial des lois anglaises, on citait la multiplicité des *Acts* votés (il y en avait déjà eu sept) comme une preuve de leur impuissance; on ne prenait point garde que ces sept *Acts* avaient tous un objet différent.

M. Ch. Dupin soutint avoir reçu d'Angleterre l'assurance que ces lois étaient observées et efficaces. Il produisait, en outre, pour répondre aux craintes des fabricants qui déjà se voyaient ruinés par la concurrence étrangère, un état statistique des manufactures où le travail des enfants était protégé et un état de celles où il ne l'était pas. Depuis 1802, date de la première loi protectrice, le rendement des premières s'était accru de 102 p. 100, celui des secondes de 22 p. 100 seulement.

Le projet du gouvernement fut voté, après avoir été fort amendé, et devint la loi du 23 mars 1841. Elle limitait l'âge d'admission des enfants dans les fabriques et la durée de leur travail, défendait le travail de nuit et celui du dimanche, obligeait d'envoyer ces enfants aux écoles. Mais elle ne s'appliquait qu'aux usines ou fabriques occupant plus de vingt ouvriers, c'est-à-dire qu'elle protégeait les deux tiers à peine des enfants occupés dans l'industrie (1).

M. Dupin avait, dans la discussion, signalé l'existence d'un décret ayant force de loi du 3 janvier 1813 défendant le travail des mines aux enfants de moins de dix ans.

Toutes ces lois réglaient uniquement le travail des enfants. Ce fut encore une loi anglaise (6 juin 1844) qui commença à protéger le travail des femmes en défendant de les employer aux travaux souterrains. Cette loi fut due à l'initiative de l'*Union* des ouvriers mineurs qui montra beaucoup de zèle et d'activité pour faire décharger les femmes de travaux qui ne sont point faits pour leur sexe et supprimer du même coup une concurrence très préjudiciable à la fixation du taux des salaires.

La loi française du 22 février 1851, protégea les apprentis auxquels la loi de 1841 n'était pas applicable. Elle limita la durée de leur travail, défendit de les faire travailler de nuit ou le dimanche et enjoignit aux patrons de leur faire suivre l'école.

Un grand mouvement législatif comparable à celui qui avait eu lieu vers 1840 et qui avait fait protéger le travail des enfants en

---

(1) La loi ne s'appliquait qu'à 99,000 enfants sur 125,000 travaillant dans les ateliers ou usines. Elle laissait, de plus, en dehors de son action, plus de 25,000 apprentis (déclaration de M. Tallon, rapporteur du projet de loi, séance du 25 novembre 1872).

Autriche, en Prusse, en Bavière, dans le pays de Bade, en France ; le travail des femmes, en Angleterre, s'est produit dans ces dix dernières années. Presque tous les peuples industriels ont établi des règles sur le travail des enfants et des femmes ou refait, pour leur donner plus de force, celles qui existaient déjà. L'exemple de l'Angleterre, le pays le plus soucieux des libertés individuelles et qui, cependant, n'a pas cru y porter atteinte en donnant à l'État droit de protection sur ceux qui ne se peuvent protéger eux-mêmes, cet exemple a été suivi et, aujourd'hui, le principe sur lequel se fonde ces lois n'est plus contesté que dans un seul pays.

Mais en voilà assez pour l'historique; il est temps d'exposer la législation actuelle.

§ 2. — *Législation actuelle.*

Voici les pays qui actuellement ont des lois protégeant le travail des enfants et des femmes ou celui des enfants seulement. On remarquera que le travail des femmes n'est d'ordinaire protégé que chez les peuples qui ont, sur la matière, une législation déjà ancienne. On commence par protéger les enfants et c'est ensuite seulement que l'on étend aux femmes la même sollicitude. Il est rare aussi que la première loi soit complète, même à l'égard des enfants; malgré l'exemple des peuples voisins, on semble n'arriver que par degrés à des mesures complètes et efficaces.

Angleterre. — La loi sur l'industrie du 17 mai 1878 (1) contient de nombreuses et complètes dispositions sur le travail des enfants et des femmes. Elle rassemble, en leur donnant une meilleure forme, les dispositions éparses dans dix-sept *Acts* antérieurs. Elle s'applique à toutes les « usines, fabriques, chantiers et ateliers ».

Le travail dans les mines a été réglé par une loi du 10 août 1872, qui en interdit l'entrée aux femmes et modère le travail des enfants.

Allemagne. — C'est encore une loi générale sur l'industrie, celle du 17 juillet 1878 (2) qui, dans plusieurs de ses articles (134 à 139), règle le travail des enfants employés « dans les ateliers où il est fait usage de la vapeur, ainsi que dans les forges, chantiers de construction et de carénage, fonderies, salines, mines et carrières ».

(1) Traduite dans l'*Annuaire* de 1879.
(2) *Annuaire* de 1879.

Le travail des femmes ne donne lieu qu'à quelques dispositions très restreintes (1). On leur interdit le travail des mines et l'on exige qu'elles ne soient admises aux ateliers que trois semaines après leurs couches.

Autriche. — Pas de lois spéciales. Les articles 28 à 33 de la loi sur l'industrie du 14 mai 1869 (2) règlent le travail des enfants dans les fabriques. Quant aux femmes, l'article 31 se borne à dire : « Les femmes ne peuvent être employées dans les fabriques six semaines avant (?) et après leur couches ».

Danemarck. — Une loi du 23 mai 1873 (3) protège le travail des enfants dans les « fabriques et établissements analogues. »

Espagne. — La loi du 14 juillet 1873 (4) protège les enfants seulement. Elle a une portée générale s'appliquant à tous : « Ateliers, fabriques, forges et mines. »

États-Unis. — Chaque état a sa législation spéciale et ces législations sont très variables. Certains états tels que le Massachusets protègent le travail des enfants, mais il m'a été impossible de me procurer les textes de ces lois ; je n'ai, à l'endroit de ce pays, que des indications incomplètes.

France (5). — La loi du 19 mai 1874, applicable à toutes les usines, fabriques, chantiers, ateliers et mines, protège le travail des femmes et celui des enfants.

Italie. — Une loi du 20 novembre 1859, étendue en 1863 à tout le royaume, défend d'employer aux mines les enfants de moins de dix ans. Un projet de loi destiné à régler le travail des enfants employés dans la grande industrie a été rédigé en 1875, remanié en 1879, il est, en ce moment, à l'étude.

(1) On avait proposé, lors de la discussion, de régler le travail des femmes comme celui des enfants. Cette proposition fut rejetée, par crainte, a-t-on dit, d'affaiblir l'industrie allemande en face de l'étranger.

(2) Le texte en est reproduit dans la ; Législation sur le travail des enfants de MM. Tallon et Maurice (Versailles 1875).

(3) Analysée dans l'*Annuaire* de 1874.

(4) *Annuaire* de 1874.

(5) J'ai cru devoir mettre les dispositions de notre loi de 1874 en regard des dispositions analogues des législations étrangères, afin de rendre la comparaison plus facile.

Grand-duché de Luxembourg: — Une loi du 6 décembre 1876 (1) règle le travail des enfants et des femmes employés dans : « tous ateliers, usines ou autres établissements industriels ».

Pays-Bas. — La loi du 19 septembre 1874 (2) s'applique aussi aux établissements industriels de toutes sortes, mais ne concerne que les enfants.

Russie. — Un ukase de 1874 (3) a édicté des dispositions analogues à celles de la loi française.

Suède. — La loi sur l'industrie du 22 décembre 1846 (4), article 32, § 4, défend d'employer à un travail industriel quelconque les enfants de moins de douze ans.

L'ordonnance royale du 22 mai 1852 (4) y a ajouté quelques prescriptions nouvelles sur le travail des enfants, mais de ceux seulement employés dans les manufactures.

Suisse. — La loi du 23 mars 1877 (5) sur l'industrie, contient des prescriptions particulières au travail des enfants et des femmes. Elle s'applique dans « tout établissement industriel où des ouvriers en plus ou moins grand nombre sont employés dans un local fermé ».

Les peuples qui n'ont pas encore de législation sur la matière sont : le Portugal, la Turquie, la Grèce, les États espagnols de l'Amérique du Sud, quelques-uns des États de l'Union américaine et enfin la Belgique.

La plupart de ces peuples étant seulement agricoles n'ont pas besoin de semblables lois. Mais il en est autrement de la Belgique. Comment n'a-t-elle pris aucune disposition en un point qui la touche si fort? Pourquoi les projets de lois présentés et les réclamations de tant de voix généreuses (6) sont-ils restés sans effet? Il y a de cela deux causes : M. Leurent indiquait la première lorsque, dans la discussion du projet qui est devenu notre loi de 1874, il

(1) *Annuaire* de 1878.
(2) *Annuaire* de 1875.
(3) Je n'ai pu en avoir le texte ni même la date précise.
(4) Je dois la communication du texte de ces loi et ordonnance à l'obligeance de M. Pierre Dareste, avocat à la Cour de cassation.
(5) *Annuaire* de 1878.
(6) Une pétition signée par 32,000 ouvriers fut, en 1875, présentée à la Chambre par un député, M. Vanhouten (*Bulletin de la Société protectrice des enfants,* 1877, p. 167).

disait devant la Chambre (séance du 22 janvier 1873) : « Il y a quinze ans qu'on doit faire une loi en Belgique, mais on n'en fera pas, parce que le pouvoir est aux mains d'une bourgeoisie industrielle qui ne veut que s'enrichir. »

La seconde cause, est l'extrême hostilité des partis qui divisent les Belges comme en deux peuples. La force de ces deux partis se balançant d'une façon presque égale, chacun des deux craint d'armer l'autre contre lui en augmentant les attributions de l'État. Permettre aux inspecteurs du gouvernement ou aux commissions locales par lui nommées d'entrer à tout moment dans les usines et d'exiger des productions de livres, ce serait, suivant eux, livrer aux adversaires les secrets de fabrique et l'état de leurs affaires. Ce serait permettre à ces adversaires de mettre les fabricants de l'autre parti dans une situation désastreuse, en exigeant d'eux une stricte observation de la loi et la laissant violer par les fabricants amis, pour leur assurer, avec le travail des enfants, le bénéfice d'une main-d'œuvre à bas prix.

Il faut, maintenant, examiner et comparer, entre elles, ces diverses législations et comme elles peuvent toutes se ramener à certaines prescriptions différemment entendues, mais semblables quant à leur objet, l'ordre que je vais suivre sera le suivant : je prendrai successivement ces prescriptions qui se trouvent dans toutes les lois, elles seront comme autant de chapitres et, dans chacun d'eux, je ferai voir comment la même question a été résolue par les lois des différents peuples. Le défaut de mention en l'un de ces chapitres de quelqu'une des législations énumérées, sera pour le lecteur, une marque que l'objet traité, en ce chapitre, n'a pas été touché par la législation omise.

Les dispositions prises par ces lois se rattachent toutes aux points que voici : I. Fixation d'un âge avant lequel les personnes protégées ne sont pas admises dans les ateliers. II. Fixation d'une durée *maximum* de travail. III. Interdiction du travail de nuit. IV. Et du travail des dimanches. V. Obligation pour les enfants d'un certain âge de fréquenter les écoles et obligation pour les patrons de les y envoyer. VI. Mesures d'ordre prescrites pour l'exécution des dispositions qui précèdent. VII. Mesures de salubrité. VIII. Exceptions apportées à ces mesures. IX. Pénalités.

I. *Age minimum d'admission au travail.* — Il varie de dix ans (Angleterre, Danemarck, Espagne) à quatorze ans (Suisse et État d'Illinois, loi du 27 mars 1872 sur les mines) et même seize ans (travail des mines dans le duché de Luxembourg). L'âge ordinaire est douze ans, c'est celui qu'on trouve en Allemagne, en Autriche, en Angleterre pour les travaux des mines, en France, en Suède, dans les Pays-Bas et dans le Luxembourg pour les travaux non souterrains.

Deux États exigent, de plus, un examen médical des enfants et un certificat d'aptitude constatant qu'ils sont en état de supporter le travail du chantier ou de l'usine, ce sont le Danemarck et l'Angleterre. La loi danoise exige que ce certificat soit délivré par les autorités médicales (sortes de commissions officielles), elle met les honoraires de l'examen, dont le taux est fixe, à la charge du patron.

La loi anglaise veut aussi que le certificat émane d'un médecin « commissionné ». Lorsque l'enfant passe dans la classe des adolescents (où la durée du travail est plus longue) le certificat doit être renouvelé. Les inspecteurs, enfin, sont investis du pouvoir de suspendre le travail d'un enfant déjà pourvu du certificat pendant un temps qui ne peut excéder sept jours, afin de provoquer, pendant ce temps, un nouvel examen du médecin commissionné.

II. *Durée du travail.* — Voici l'âge d'admission fixé de sorte qu'aucun enfant trop jeune ne soit reçu dans les ateliers. Mais peut-on encore faire travailler des enfants de dix ou de douze ans autant que des adultes? Dans la plupart des pays, la durée du travail de ces adultes n'est point limitée par la loi, et elle est, en effet, fort longue, on ne peut imposer aux enfants une pareille fatigue. Aussi les législateurs se sont montrés soigneux de limiter la durée du travail qui pourrait leur être imposé. Mais, d'autre part, la présence de l'enfant est souvent nécessaire au travail de l'adulte; il faut l'assistance de tous deux pour faire battre un métier. De là l'introduction du système dit à demi-temps. L'enfant travaillera une demi-journée; ainsi la conduite d'un métier exigera un homme travaillant tout le jour et deux enfants travaillant l'un le matin, l'autre l'après-midi. La combinaison est fort bonne, son seul défaut est d'exiger un très grand nombre d'enfants et de préparer par là l'encombrement du métier.

C'est cet inconvénient qui a décidé nos législateurs à n'admettre le demi-temps que pour les enfants de dix à douze ans dont le gouvernement peut, sur l'avis d'une commission supérieure spéciale, autoriser l'admission dans certaines industries. La loi ne protège pas les enfants de plus de douze ans, ils peuvent, par conséquent, être employés aussi longtemps que les adultes, c'est-à-dire douze heures. La loi exige seulement que ce temps soit divisé par des repos, mais sans en indiquer la durée.

Un travail de douze heures est excessif pour de jeunes enfants, qui passent sans transition de la vie du dehors à une si longue tâche, aussi les législations étrangères, ont-elles, presque toutes, marqué des degrés dans la durée de travail permis. La loi allemande fixe la durée du travail, pour les enfants de douze à quatorze ans, à six heures coupée par un repos d'une demi-heure; pour les enfants de quatorze à seize ans, à dix heures coupée par trois repos, de une demi-heure le matin, une heure à midi, une demi-heure après-midi.

La loi autrichienne est fort semblable — six heures de travail pour les enfants de douze à quatorze ans, dix heures pour ceux de quatorze à seize avec trois repos organisés comme ceux de la loi allemande, mais pris en plein air. En Danemarck, la durée quotidienne des heures de travail est : six heures et demie avec une demi-heure de repos pour les enfants de dix à quatorze ans; douze heures avec deux heures de repos pour les enfants de quatorze à dix-huit ans. Les enfants qui travaillent six heures doivent être employés ou le matin ou l'après-midi, ils ne doivent être à l'usine que dans l'une seulement des deux parties de la journée.

En Espagne, le travail dure cinq heures pour les garçons de moins de treize ans et pour les filles de moins de quatorze, il dure huit heures pour les garçons de treize à quinze ans et pour les filles de quatorze à dix-sept.

La loi luxembourgeoise chargeait le gouvernement de fixer la durée des heures de travail. Un règlement l'a limitée à huit heures pour les enfants de douze à quatorze ans, à dix heures pour ceux de quatorze à seize.

En Suisse, où la loi fédérale limite à onze heures, même pour les adultes, la durée de la journée de travail, les enfants peuvent travailler ce même temps, mais, s'ils ont moins de seize ans, la durée des classes et celle de l'instruction religieuse est prélevée sur ces onze heures. Quant aux femmes, si elles ont un ménage à soigner, elles doivent quitter une demi-heure avant le repos du milieu du jour, si ce repos ne dure pas plus d'une heure et demie. Elles doivent, à l'époque de leurs couches, cesser de travailler pendant huit semaines et ne sont reçues dans les ateliers, après les couches, que si elles justifient qu'il s'est écoulé six semaines au moins depuis ce moment.

Nulle législation n'est entrée dans d'aussi minutieux détails que la législation anglaise. Elle distingue entre les enfants (au-dessous de quatorze ans) les adolescents (de quatorze à dix-huit ans) et les femmes.

1° Les ÉNFANTS employés dans les *filatures* ne doivent travailler que la demi-journée de six heures du matin à une heure ou de une heure à sept heures du soir, le samedi de six heures à une heure seulement. Ils ne peuvent travailler tous les matins deux semaines de suite. On doit les faire alterner; une semaine le matin et l'autre semaine l'après-midi. Ils ne peuvent travailler qu'un samedi sur deux, s'ils ont travaillé plus de cinq heures et demie un seul jour de la semaine.

On peut aussi les faire travailler de deux jours l'un, en alternant chaque semaine, une semaine les jours pairs et l'autre semaine les jours impairs. Le travail est alors de douze heures par jour avec deux heures de repos. Après quatre heures et demie de travail, il doit y avoir un repos d'au moins une heure et demie « pour goûter ».

Dans les *usines* autres que les filatures, le travail permis va de six heures du matin à une heure ou de midi et demi à sept heures avec une demi-heure « pour goûter » après toute période de cinq heures de travail. Le samedi, les enfants ne peuvent travailler aussi qu'une demi-journée, mais non aux mêmes heures qu'en semaine.

On peut aussi faire travailler les enfants un jour sur deux en alternant de manière que l'on ne travaille pas les mêmes jours deux semaines de suite. La journée alors est de douze heures avec deux heures de repos. On ne doit jamais travailler plus de cinq heures de suite.

On remarquera que ces règles sont moins strictes que les précédentes concernant les filatures.

Dans les *ateliers*, installés dans le local où habite la famille et qui ne renferment pas de moteurs mécaniques, ils peuvent travailler de six heures du matin à une heure ou de une heure à huit et le samedi jusqu'à quatre heures seuleme. Mais en alternant suivant les semaines, de manière à n'avoir point les mêmes heures de travail deux semaines de suite. Après cinq heures de travail, il doit être accordé une demi-heure « pour goûter ». On ne peut faire travailler le samedi aux mêmes heures qu'en semaine.

2° Pour les ADOLESCENTS, même distinction entre les divers établissements où on les emploie. Dans les *filatures*, le travail permis est de six heures du matin à six heures du soir ou de sept heures à sept heures, avec deux heures de repos. Il doit toujours être accordé une demi-heure « pour goûter » après quatre heures et demie de travail.

Le samedi la journée finit à une heure ou deux heures suivant qu'elle a commencé à six ou à sept heures. Ce temps doit être coupé par une demi-heure d'arrêt « pour goûter ».

Dans les *usines* autres que les filatures, le travail dure de six heures du matin à six heures du soir ou de sept heures à sept heures, avec une heure et demie de repos. Après toute période de travail de cinq heures, il doit être accordé une demi-heure «pour goûter ».

Le samedi le travail finit à deux heures et compte une demi-heure de repos.

Dans les *ateliers*, le travail va de six heures du matin à neuf heures du soir, avec quatre heures et demie « pour les repas et pour sortir ». Le samedi il cesse à quatre heures, la durée du repos est de deux heures et demie.

3° Les FEMMES sont assimilées aux adolescents pour la durée du travail dans les *filatures*, *usines* et *ateliers*.

Il y a, de plus, des règles spéciales aux enfants employés dans les mines. L'âge normal d'admission est douze ans, mais il est permis d'y faire travailler, avec autorisation spéciale du Ministre de l'intérieur, les enfants de dix ans. Leur travail ne peut durer plus de six jours par semaine et six heures par jour. S'il dure trois jours seulement, il peut aller à dix heures par jour. Les heures sont comptées de la descente dans la fosse à la remontée. (Il n'y a pas de suspension le samedi pour les travaux souterrains.)

De douze à seize ans, les enfants peuvent travailler au plus cinquante-quatre heures par semaine et dix heures par jour. Ils ont droit, pour les repas, à une demi-heure par jour par poste de cinq heures, à une heure et demie par poste de huit heures.

III. *Travail de nuit.* — On a vu, par ce qui précède, qu'il est interdit en Angleterre pour les enfants et pour les femmes. Il est interdit en Allemagne pour les enfants seulement. La nuit va de huit heures du soir à cinq heures et demie du matin.

-Interdit aussi en Autriche aux enfants. La nuit se compte de six heures du soir à huit heures du matin.

-En Danemark, il est interdit aux enfants de moins de quatorze ans. La nuit va de huit heures du soir à six heures du matin.

Il est interdit en Espagne, aux garçons de moins de quinze ans et aux filles de moins de dix-sept, mais seulement dans les usines où il est fait usage de moteurs hydrauliques et à vapeur.

La loi du Luxembourg le défend pour les enfants au-dessous de seize ans. La nuit va de neuf heures du soir à cinq heures du matin.

La loi suédoise le défend pour les enfants de moins de dix-huit ans; elle calcule la nuit comme la loi précédente. Même disposition dans la loi fédérale suisse, sauf pour la durée de la nuit qui n'est pas indiquée.

Notre loi française enfin, interdit le travail de nuit aux enfants de moins de seize ans et aux femmes de moins de vingt et un ans, mais seulement dans les usines et manufactures. La nuit se compte de neuf heures du soir à cinq heures du matin.

IV. *Travail du dimanche*. — Il est interdit par les lois autrichienne, allemande, anglaise et danoise sans limitation; par la loi suisse pour les enfants de moins de dix-huit ans et par la loi française pour les enfants de moins de seize ans et pour les femmes de moins de vingt ans. Le rangement d'atelier, antérieurement toléré le dimanche, n'est plus permis.

Les lois danoise, autrichienne et allemande assimilent au dimanche les jours de fêtes légales (d'après la religion établie), la loi anglaise se borne à y assimiler les deux fêtes de Noël et du Vendredi-Saint.

La loi allemande interdit même le travail aux « heures fixées par le Ministre du culte pour le catéchisme et pour les instructions préparatoires à la confession, à la communion et à la confirmation ».

La loi anglaise est la seule qui contienne une disposition spéciale pour les non-chrétiens. Elle permet aux patrons israélites employant des enfants de même religion, de les faire travailler le dimanche et même le samedi (?) pourvu que leur travail total de la semaine n'excède pas le nombre des heures réglementaires.

Semblable disposition avait été proposée, en 1840, aux Chambres françaises, elle fut rejetée sur la déclaration d'un député israélite, M. Fould, que ses coreligionaires ne désiraient point de législation spéciale.

On trouve, enfin, dans la loi anglaise une disposition qui oblige le patron à donner aux enfants qu'il occupe huit demi-journées ou quatre jours pleins de congés par an. La moitié de ces congés doivent être donnés du 15 mars au 1er octobre. N'est considéré comme congé que celui qui a été annoncé par affiche au moins deux jours à l'avance.

Cette coutume du congé existait au moyen âge dans plusieurs métiers, plutôt il est vrai pour les compagnons que pour les apprentis; il n'en est pas moins notable de la retrouver restaurée, après un si long oubli, par les lois du peuple qui a le plus fait pour améliorer la situation de ses ouvriers manuels.

BIBLIOTHÈQUE R. F.

V. *Obligation pour les enfants de suivre l'école.* — Les pays qui avaient déjà établi cette obligation pour tous leurs enfants n'ont fait que la rappeler dans les lois relatives à l'industrie. Ainsi, la loi allemande porte que les enfants tenus de fréquenter les écoles ne sont admis au travail que s'ils reçoivent l'instruction pendant au moins trois heures par jour ou dans l'école primaire ou dans les écoles approuvées par les autorités scolaires et suivant le plan approuvé par cette même autorité.

Une loi du Massachusets (1878) défend d'employer les enfants au-dessous de quatorze ans pendant la session des écoles publiques de la ville.

La loi danoise dit que les enfants soumis à l'obligation scolaire ne peuvent être présents à l'usine aux heures des classes, ni une heure avant. Tout enfant doit avoir un certificat de fréquentation, indiquant à quelles heures sa présence est requise à l'école. Nul patron ne peut employer un enfant qui n'est pas porteur de ce certificat.

La seule prescription que porte la loi suisse est cette déclaration que « l'enseignement scolaire et religieux ne doit pas être sacrifié au travail dans les fabriques. »

Les peuples qui n'ont pas établi dans leur loi la règle de l'obligation ont pris des mesures spéciales pour que le travail auquel on soumettait les enfants ne les empêchât pas de s'instruire.

La loi anglaise veut que les parents ou tuteurs et, à leur défaut, celui qui profite du travail des enfants, leur fasse suivre les cours des écoles qualifiées. Les enfants employés à la demi-journée doivent passer l'autre demi-journée à l'école. Ceux employés de deux jours l'un, suivront l'école la journée entière qui leur est laissée. Les classes ont lieu de huit heures du matin à six heures du soir. Il n'y en a point les samedis et jours de congé. L'enfant qui manque quelques-unes des classes obligatoires doit, la semaine suivante, regagner, en le prenant sur la durée ordinaire du travail, le temps perdu.

Le patron doit, à cet effet, retirer tous les lundis un certificat d'assiduité délivré par le maître de l'école; il doit le conserver deux mois au moins pour le produire à toute réquisition de l'inspecteur. C'est ce même patron qui doit payer la rétribution scolaire (3 pences par semaine ou le douzième du salaire de l'enfant). Il peut ensuite retenir cette somme sur le gain de l'enfant.

Sont dispensés de l'école les adolescents (quatorze ans ou plus) et les enfants de treize ans qui rapportent un certificat de suffi-

santes connaissances délivré par une personne que désigne l'autorité.

Les enfants de dix à douze ans travaillant dans les mines doivent
suivre par quinzaine vingt heures d'école, non compris l'école du
dimanche et les heures supplémentairess

La loi autrichienne soumet les enfants de douze à quatorze ans à
l'obligation de suivre deux à trois heures de classes dans la fabrique
ou au dehors.

Les patrons ne doivent admettre que les enfants pourvus d'un
certificat constatant l'accomplissement des obligations scolaires.

La loi française n'exige la fréquentation de l'école que pour les
enfants de moins de douze ans. Les parents doivent justifier que
les enfants suivent les cours d'une école. Si l'école dépend de l'usine,
ils doivent suivre les classes pendant deux heures, si l'école est en
dehors de l'usine rien d'arrêté. C'est pour suppléer à ce qu'une
instruction ainsi donnée doit avoir de défectueux que la même loi
ajoute : nul enfant âgé de moins de quinze ans ne travaillera plus de
six heures par jour, s'il ne justifie, par un certificat de l'instituteur
ou de l'inspecteur primaire, qu'il possède au moins l'instruction
primaire élémentaire.

En Espagne, l'assistance à l'école est obligatoire pendant trois
heures par jour pour les garçons de neuf à treize ans et pour les
filles de neuf à quatorze ans (au terme de la même loi les enfants ne
sont pas reçus au travail avant dix ans); de plus tout établissement
situé à 4 kilomètres des lieux habités et employant plus de 80 ouvriers ou femmes doit entretenir une école primaire dont les frais
seront remboursés par l'État. Les classes seront facultatives pour
les adultes et les enfants des ouvriers au-dessous de neuf ans.

VI. *Mesures d'ordre*. — Presque toutes les législations se sont
occupées de rendre efficaces les lois qu'elles avaient édictées. La
première mesure prise a été d'exiger une déclaration préalable
de tout patron qui veut employer des personnes protégées par la
loi. Cette déclaration est prescrite par les lois anglaises (la déclaration est faite à l'inspecteur) allemande et danoise (déclaration au
bureau de police); elle mentionne le genre de travail, les heures
de travail et les moments de repos.

Ensuite vient, pour le patron, l'obligation de tenir un registre où
figurent le nom des enfants et des parents (lois anglaise, française
et danoise); de plus, en Danemarck, les mentions relatives à l'assiduité à l'école, et, en Angleterre, la mention du certificat d'aptitude physique.

Les lois allemande et autrichienne ont remplacé le registre par des livrets ou cartes de travail délivrés sans frais et contenant, avec l'état civil de l'enfant et de ses parents, toutes les mentions relatives à l'obligation scolaire (1). Le patron garde cette pièce et la remet à l'enfant à sa sortie de la maison avec indication du temps qu'il y a passé.

Notre loi exige, tout à la fois, le livret individuel et le registre de fabrique.

La loi danoise veut, en outre, que le patron demande à l'enfant son acte de naissance en même temps que le certificat médical d'aptitudes physiques.

Les lois allemande, française, anglaise et danoise prescrivent l'affichage, dans un endroit apparent de l'atelier, des dispositions principales de la loi et des règlements qui la complètent. La loi allemande veut qu'on y joigne le nom des enfants employés avec les heures de leur travail et de leur repos. La loi anglaise remplace cette mention par les noms et adresse de l'inspecteur et du médecin commissionné, avec indication de l'horloge publique désignée par l'inspecteur pour régler les heures de travail et de repos.

VII. *Mesures de salubrité.* — Elles sont nombreuses, mais se trouvent pour la plupart dans les règlements émanés du pouvoir exécutif qui viennent compléter la loi et assurer son exécution. Celles qui se trouvent dans le texte même de la loi, ont trait à l'obligation de couvrir de garnitures tous les engrenages, pièces mobiles des ateliers où travaillent des enfants (lois française et danoise), lors même qu'ils ne travaillent pas à ces pièces, mais peuvent passer à portée, et à la défense faite d'employer les enfants (loi danoise) ou les femmes (loi suisse) au nettoyage des moteurs ou appareils en mouvement, ou bien ces dispositions défendent aux enfants de rester dans les usines, ou au moins dans certaines usines, pendant les repas (lois anglaise, allemande et danoise). La loi danoise veut même que des pièces spéciales soient tenues à la disposition des ouvriers pour ces repas et elle prescrit de séparer alors les filles des garçons « autant que le genre de travail et l'espace le permettent. »

Les lois espagnole et suisse veulent que le plan de toute usine soit, au préalable, soumis à l'autorité et la loi suisse ne permet d'ouvrir l'usine qu'avec une autorisation spéciale.

---

(1) Ces livrets doivent, d'après la description qu'en font les deux lois citées, ressembler singulièrement aux livrets individuels militaires. Il est permis de supposer que cette ressemblance n'est pas l'effet du hasard.

La loi espagnole exige que tout établissement occupant 80 personnes de plus de dix-sept ans et situé à 4 kilomètres de toute localité soit pourvu d'une pharmacie et s'assure les services d'un médecin ne résidant pas à plus de 10 kilomètres.

Plusieurs lois, en outre, chargent, en termes généraux, les patrons de veiller au maintien des bonnes mœurs et de la décence publique dans leurs ateliers.

VIII. *Exceptions à ces lois.* — Elles ont été introduites ou dans l'intérêt des personnes protégées ou en faveur de l'industrie.

Les premières concernent l'interdiction d'employer des femmes ou des enfants, même ayant l'âge légal, dans certaines industries (lois anglaise, allemande, française, luxembourgeoise, suisse) ou encore d'employer les enfants à certains travaux réputés dangereux et cela même dans les usines permises (lois danoise et française).

La loi allemande permet au Conseil fédéral d'interdire aux femmes le travail dans certaines industries ou absolument, ou seulement pour la nuit.

Notre loi soumet à des règles particulières l'emploi des femmes et des enfants dans les établissements classés comme dangereux ou insalubres.

Les exceptions introduites pour la commodité de l'industrie sont ou accidentelles ou durables.

La loi autrichienne permet à l'autorité, en cas de cessation de travail dans une usine par force majeure, d'accorder au manufacturier, pressé de regagner ensuite le temps perdu, une heure d'augmentation sur la durée du travail des enfants, mais seulement pendant quatre semaines. La loi allemande autorise, en cas pareil, une dérogation dont elle ne fixe pas les limites. L'autorisation est donnée : pour quinze jours par la police locale, pour quatre semaines par l'autorité supérieure, pour plus longtemps par le chancelier de l'Empire. Mais, en aucun cas, les enfants ne peuvent travailler plus de six heures sans se reposer ensuite une heure.

En même circonstance, notre loi autorise l'inspecteur à permettre le travail de nuit des enfants de douze à seize ans.

La dérogation permanente aux règles ordinaires peut être accordée par le Conseil fédéral, aux termes de la loi allemande, pour les filatures et usines à feu continu où le travail ne peut être divisé par moitié ou qui ne sont en activité qu'une partie de l'année. Jamais toutefois, le travail des enfants ne peut excéder trente-six heures et celui des jeunes gens soixante-dix heures par semaine.

Le ministre de l'intérieur peut, aux termes de la loi danoise,

« accorder des exemptions dans l'intérêt des fabriques », mais non pas celle du travail de nuit qui reste prohibé.

Notre loi permet, suivant un règlement qui est venu compléter la loi, d'employer les dimanches et fêtes les enfants de douze ans au moins, dans les usines à feu continu. On devra leur laisser les moyens d'accomplir leurs devoirs religieux.

La loi suisse permet au Conseil fédéral d'autoriser le travail de nuit des enfants dans les usines à travaux non interrompus : « surtout si cela paraît utile à leur bon apprentissage ». Leur travail ne devra pas excéder onze heures et le Conseil fédéral exigera toutes mesures de salubrité qu'il jugera utiles.

En Angleterre, le secrétaire d'État a des pouvoirs de dérogation à la loi singulièrement étendus. Il peut autoriser une durée plus longue de travail des femmes et adolescents, dans toutes usines autres que des filatures. Il peut transporter le repos du samedi à un autre jour et les congés à des jours autres que ceux marqués et autoriser le travail de nuit des adolescents, mais sans jamais dépasser un certain nombre d'heures par semaine avec des repos à intervalles fixes. Il peut, de plus, autoriser à retenir, pendant trente minutes au plus au delà de l'heure légale, les personnes protégées qui n'auraient pas fini leur tâche.

Toutes ces dispenses sont accordées par le pouvoir exécutif; car la loi ne peut régler tant de détails ni subvenir à chaque sorte d'accident. Toutefois, la loi anglaise contient une disposition singulière et qui, par cela même, veut être notée. Les dispositions prises à titre exceptionnel par le secrétaire d'État, doivent être communiquées aux Chambres qui, dans les quarante jours, peuvent en prononcer la nullité; cette nullité n'a effet que pour l'avenir.

La loi allemande contient une disposition analogue. Elle porte que les exceptions consenties par le Conseil fédéral seront soumises au Reichstag dans sa prochaine session et annulées s'il n'y donne son assentiment.

IX. *Pénalités.* — Elles punissent ou des manquements aux dispositions qui précèdent ou la résistance opposée aux visites des inspecteurs. La loi danoise veut que, dans ce dernier cas, on applique les peines qui punissent la rébellion contre les fonctionnaires. Les autres lois se contentent d'une amende souvent très faible.

La contravention aux mesures prescrites sur l'âge d'admission et la durée du travail, est punie d'amendes très variables. De 5 à 10 francs par personne employée suivant la loi de Luxembourg:

de 5 à 500 francs suivant la loi suisse; de 2,000 marcs (2,250 francs) au *maximum* d'après la loi allemande qui ne fixe pas de *minimum*.

Trois lois seulement admettent la prison : la loi hollandaise (de un à trois jours; la condamnation facultative pour une première faute est obligatoire en cas de récidive); la loi allemande (huit jours de prison ou une amende pour défaut de déclaration préalable et d'affichage de la loi; six mois de prison si l'on ne paie l'amende de 2.000 marcs *maximum;* trois jours de prison ou une amende pour contravention aux règles sur les cartes de travail) et la loi suisse (trois mois de prison au plus, peuvent être prononcés en cas de récidive).

La loi française seule permet aux tribunaux d'ordonner l'affichage du jugement et l'insertion dans les journaux, peine très efficace, car l'amende seule touche peu un riche manufacturier, tandis qu'il est très sensible à la publicité donnée à sa condamnation.

La peine d'ordinaire est prononcée contre le manufacturier contrevenant; deux lois cependant punissent aussi les parents : la loi danoise (si la faute des parents est prouvée) et la loi anglaise (les parents sont présumés en faute, c'est à eux d'établir leur bonne foi). La peine, dans ces cas, est toujours une amende.

§ 3. — *Comment ces lois sont observées.*

Des dispositions pareilles, qui diminuent le gain des patrons et celui des parents, doivent avoir, et ont contre elles, la coalition des uns et des autres. Il faut, pour la surmonter, une extrême vigilance et une surveillance incessante qui signale toute contravention à la loi et oblige par crainte à l'observation de ces dispositions incommodes. C'est assez dire que là où n'existe pas une inspection très stricte, la loi reste sans effet. Or l'expérience faite, depuis le commencement de ce siècle en divers pays, a prouvé que l'on ne devait rien attendre des inspecteurs honorifiques et gratuits.

La loi anglaise de 1802 prescrivait aux juges de paix de nommer, pour inspecter les fabriques soumises à la loi : « deux personnes n'ayant aucun intérêt engagé dans ces fabriques » et qui rempliraient ces fonctions à titre gracieux. On constatait, en plein Parlement, dès 1833, que « la loi est éludée en partie (elle l'était pour le tout) par suite du défaut de traitement des fonctionnaires chargés de veiller à son exécution. »

Il en fut de même en Prusse où les « commissions locales » nommées à titre honorifique par l'ordonnance de 1839 n'inspectèrent pas. Il en fut de même en France après la loi de 1841. Les règlements généraux annoncés par ces lois pour organiser l'inspection et tout le détail des dispositions générales votées par la Chambre, ne furent pas faites. On chargea successivement de l'inspection, des commissions locales, les inspecteurs primaires, les vérificateurs des poids et mesures, les ingénieurs des mines et puis personne (1). Inutile d'ajouter que ces commissions locales et ces fonctionnaires chargés d'autres services, ne firent rien. Il n'y eut d'inspection que dans les cinq départements, de la Seine, du Nord, du Tarn, de la Somme et du Pas-de-Calais, où des inspecteurs furent nommés et rétribués par les Conseils généraux, ainsi que la loi les autorisait à le faire. Les résultats qu'ils obtinrent, joints au spectacle que donnaient les départements voisins où la loi était ouvertement violée ou plutôt ignorée, firent bien voir que des fonctionnaires spéciaux pourraient seuls remplir le but que l'on se proposait.

Comment espère-t-on, en effet, que des notables possesseurs d'une fortune indépendante consacreront leurs instants à cette tâche difficile et pour eux bien nouvelle, qui aura pour résultat, s'ils l'exercent en conscience, de soulever contre eux les industriels du pays, c'est-à-dire ceux dont ils font leur société habituelle, leurs parents peut-être? Ou bien les hommes que l'on désignera inclinent vers le repos et ils n'exerceront pas une charge qui demande beaucoup d'activité et de fréquentes luttes, ou ils veulent paraître et jouer un rôle et alors ils se tourneront d'un autre côté et n'iront pas briguer des fonctions qui leur feront des ennemis, sans les avancer dans la voie des honneurs. Cette illusion qui fait croire à l'efficace d'une inspection gratuitement faite par des notables ou bien par des commissions plus difficiles encore à manier que des particuliers isolés, ne se rencontre plus que chez les peuples qui font, pour la première fois, des lois sur la matière et ne savent pas profiter de l'exemple de leurs voisins.

Ainsi, la loi espagnole charge de l'inspection une « commission composée de patrons, d'ouvriers, de maîtres d'école et de médecins présidée par le juge municipal. » Croit-on qu'une compagnie si nombreuse soit bien propre à paraître à l'improviste dans une usine, de jour ou de nuit, pour constater les contraventions à la loi? A peine pourra-t-elle se réunir. Pareille commission pourra être délibérante, elle ne sera jamais active. La loi espagnole ajoute « sans préjudice du droit d'inspection qui appartient à l'État ». Voilà ce qu'il eut fallu établir: des inspecteurs nommés et rétribués par l'État. L'État est ici vraiment dans son rôle de protecteur des

____

(1) Rapport Tallon à l'Assemblée nationale (1872).

faibles et de soutien de ceux qui ne peuvent se défendre eux-
mêmes.

C'est ce qu'a fait la loi anglaise de 1833 en établissant 4 inspecteurs et 40 sous-inspecteurs. La dernière loi de 1878 a maintenu
des fonctionnaires si utiles et cette fois sans limite, laissant au secrétaire d'Etat le soin de les nommer en tel nombre et avec tel
traitement qu'il jugera convenable. Il doit seulement s'abstenir
de prendre des hommes intéressés, même par la possession d'un
brevet d'invention, dans les industries qu'ils devront surveiller.

Ces inspecteurs ont entrée dans les ateliers et, au besoin, requiè-
rent l'assistance d'un constable. Il leur faut, toutefois, une autorisation écrite du secrétaire d'État ou un mandat du juge pour péné-
trer dans les pièces servant à la fois d'atelier et d'habitation.

La loi prussienne du 14 mai 1851 créa des inspecteurs rétribués
(il y en eut cinq) et la loi saxonne du 15 décembre 1861 en établit
à son tour (cinq aussi).

La loi de 1878, applicable à tout l'empire, laisse aux gouverne-
ments locaux le soin d'organiser cette inspection, mais elle les
oblige à le faire. Ils devront avoir des inspecteurs qui agiront seuls
ou concurremment avec la police locale. Le Conseil fédéral peut
seulement dispenser de nommer des inspecteurs là où le nombre
des établissements soumis à la loi est très restreint.

Notre loi de 1874 divise la France en quinze inspections, les inspecteurs seront nommés par le gouvernement sur présentation
d'une liste triple établie par la commission supérieure spéciale
siégeant au ministère. On ne peut choisir que des ingénieurs ou
des élèves diplomés des écoles des Mines ou Centrale, ou d'anciens
inspecteurs ayant rempli les fonctions pendant trois ans, ou des chefs
d'industrie ayant dirigé pendant cinq ans cent ouvriers au moins.

Ce nombre de quinze est bien faible et il est à souhaiter que les
Conseils généraux usent du droit que leur reconnaît la loi, de
nommer un inspecteur comme avaient déjà fait cinq de ces Conseils sous l'empire de la loi ancienne.

La loi danoise charge le gouvernement de nommer deux inspecteurs dont le traitement sera voté annuellement. Toutefois, c'est une
commission sanitaire ou le commissaire de police qui s'assure de
la salubrité des ateliers et des mesures prises en ce sens par les règlements ministériels faits en exécution de la loi de 1873.

La loi du Luxembourg charge le gouvernement de l'inspection.
La loi suisse s'en remet aussi de ce soin au Conseil fédéral qui,
outre les inspecteurs ordinaires, pourra nommer des inspecteurs
spéciaux pour telle ou telle industrie.

En Autriche, « les ministres des cultes sont chargés de remettre, à chaque fin de mois, un relevé statistique des enfants des fabriques. Des inspecteurs provinciaux font, en outre, des tournées dont le résultat est consigné dans les comptes rendus annuels adressés à l'Archevêché et à l'Assemblée provincale, puis de là au gouvernement (1) ».

Il est fort difficile de savoir quelle exécution ont reçue ces lois, d'autant que la plupart sont encore récentes.

La loi fédérale suisse de 1877 n'est pas exécutée. Cette loi qui prétend régler toute l'industrie et même le travail des adultes a blessé tant d'intérêts et soulevé tant d'oppositions qu'on n'a pas osé la faire observer. Les inspecteurs, ou n'ont pas inspecté ou bien ont fait des rapports qui n'ont eu aucune suite, si bien que les dispositions concernant le travail des enfants ont souffert du discrédit dans lequel est tombée la loi dont elles font une partie.

En Prusse et dans les autres États allemands, aussi bien qu'en Autriche, cette partie des lois qui fixe un âge minimum pour l'admission des enfants et limite, pendant quelques années encore, la durée de leur travail a toujours été observée, grâce à l'obligation scolaire déjà passée dans les mœurs, grâce surtout à l'esprit religieux des habitants, qui fait que nul parent ou tuteur n'oserait priver ses enfants ou pupilles de l'instruction religieuse. Or cette instruction est constante et suivie jusqu'à la première communion pour les catholiques, jusqu'à la confirmation pour les protestants, c'est-à-dire, de part et d'autre, jusque vers l'âge de quatorze ans. Ainsi, dès avant les lois de 1839 et 1840, les enfants n'entraient pas dans les usines avant cet âge de quatorze ans ou n'y entraient que pour un travail limité. Aujourd'hui, que le nombre des établissements industriels croît sans cesse et qu'il se forme, dans ces grandes agglomérations où le travail ne s'arrête jamais, une population sans traditions et sans respects, dont le fonds est l'amour du gain ou l'indifférence, les prescriptions de la loi sont utiles pour retenir des hommes qui ne sont plus autrement retenus.

Elles étaient indispensables en Angleterre où l'état industriel est ancien. Leur résultat est très sensible et vanté par des hommes qui sont en position de comparer l'état ancien à l'état nouveau.

Ils assurent (2) que l'enfant est plus instruit et plus moral. Dans l'ordre physique, les changements sont encore plus sensibles. Les

---

(1) Perrin et Nusse : *Commentaire de la loi du 19 mai 1874.* Paris, 1878, p. 4.
(2) Exposé adressé au gouvernement belge en 1870 par M. Baker, Inspecteur à Londres. (Cité : Tallon et Maurice, p. 513.)

patrons d'abord hostiles ont pleinement accepté la loi. « Il y a trois ans, disait un chef d'usine dans un meeting public tenu pour approuver une extension nouvelle donnée à la loi sur le travail des enfants, il y a trois ans, lorsque nous avons été mis au nombre des manufacturiers soumis à la loi, les dix-neuf vingtièmes d'entre nous résistaient avec ardeur et faisaient à cette loi les objections les plus énergiques ; aujourd'hui que l'expérience est faite, les dix-neuf vingtièmes demanderaient à rester sous le régime de la loi si on parlait de l'abroger. »

Les inspecteurs exercent une grande action morale sur les chefs d'industrie et sur les ouvriers. « Très souvent, ils sont invités par les patrons à leur suggérer des idées pour améliorer la condition générale de l'ouvrier, soit au point de vue de la salubrité des ateliers, soit au point de vue de l'instruction dans les écoles. »

Il ne faut cependant pas qu'un tableau aussi flatteur fasse croire à l'entière vertu de la loi pour améliorer le sort malheureux des enfants employés dans l'industrie. Les contraventions sont assez faciles à constater dans les grandes usines; il suffit d'avoir pour cela, un suffisant personnel d'inspecteurs. La raison de cette facilité relative, est que ce travail exigeant, à raison des machines mises en mouvement, un personnel régulier, les ouvriers adultes ou enfants, sont divisés en équipes, lesquelles travaillent un temps limité et se relayent à des heures marquées. Rarement aura-t-on besoin d'employer des enfants en dehors de leur équipe.

Il en est tout autrement pour la petite industrie et le chiffre des enfants qu'elle emploie encore était estimé en 1872 à plus du tiers du chiffre total des enfants travaillant dans l'industrie ; à Paris la proportion est encore plus forte. Ici pas de travail déterminé, pas d'arrêts de moteurs à heure fixe, pas d'équipe. Comment savoir si l'enfant que l'inspecteur trouve au travail y est appliqué un nombre d'heures excédant celui que la loi autorise (1)? C'est ici le point

(1) Veut-on un singulier exemple de la difficulté qu'il y a à connaître l'intérieur des ateliers? Je citerai l'exemple de l'atelier de M⁝ C.... à Paris. Il était partout donné comme modèle, recevait les visites des philanthropes et était loué dans les sociétés protectrices de l'enfance. Une dame avait voulu y faire, à titre gratuit, un cours régulier de morale; le conseil municipal lui avait accordé une subvention et l'adjoint au maire de l'arrondissement se remuait pour faire obtenir à la directrice le prix Montyon. Tout à coup une plainte est déposée par le père d'une des enfants occupées (il y en avait trente-cinq). Une instruction suit et aboutit au renvoi de la directrice devant la police correctionnelle. Là (audience du 28 juillet 1875) se révèlent des faits odieux de brutalité de la part de cette directrice; quant à la loi, elle était constamment violée. Les enfants travaillaient plus que ne doivent travailler les adultes.

où les lois humaines cessent d'être efficaces ; où l'enfant ne peut vraiment attendre sa protection que de cette autre loi plus haute qui parle à la conscience du patron. Mais l'exposé des lois extérieures et sensibles étant tout l'objet de mon étude, là doit s'arrêter mon travail.

Une condamnation fut prononcée. Mais ni les nombreux visiteurs, ni la personne qui venait périodiquement dans l'atelier, n'avaient soupçonné ces faits. Qu'aurait pu voir un inspecteur dont les visites sont forcément rares et courtes ?

Paris. — Imprimerie Arnous de Rivière, rue Racine, 26.

OUVRAGES DU MÊME AUTEUR :

DES ASSOCIATIONS OUVRIÈRES (Sociétés coopé-
ratives) et de leur situation légale en France.
1 vol. in-8°. 1869.

ÉTUDE SUR LA SITUATION LÉGALE DES CLASSES
OUVRIÈRES EN ANGLETERRE.
Brochure in-8°. 1876.

Paris. — Imprimerie Arnous de Rivière, rue Racine, 26.

www.ingramcontent.com/pod-product-compliance
Lightning Source LLC
LaVergne TN
LVHW012320050726
842524LV00004B/1525